I.b 56
1342

L'EMPEREUR

NAPOLÉON III

DEVANT

LES ÉLECTIONS

« Il faudrait des dieux pour donner des lois aux hommes. »
(Contrat social.)

« Gouverne qui peut, et, quand on est arrivé à être le maître, on gouverne comme on peut. »
VOLTAIRE.

PARIS
E. DENTU, LIBRAIRE-ÉDITEUR
PALAIS-ROYAL, 17-19, GALERIE D'ORLÉANS

1863

Tous droits réservés

L'EMPEREUR NAPOLÉON III

DEVANT LES ÉLECTIONS

> « Il faudrait des dieux pour donner des lois aux hommes. »
> *(Contrat social)*
>
> « Gouverne qui peut, et, quand on est arrivé à être le maître, on gouverne comme on peut. »
> VOLTAIRE.

On a déjà discuté beaucoup sur le sens des élections, on en a exagéré et diminué la portée tour à tour. Les uns ont attribué à la presse le triomphe du libéralisme ; n'est-ce pas lui faire trop d'honneur ? Si c'est un paradoxe de plaider son impuissance, avec Chateaubriand et M. de Girardin, c'en est un aussi de soutenir que si loin s'étend son pouvoir ; il faudrait du reste avoir une piètre idée de la population parisienne pour la croire ainsi tout entière à la remorque du journalisme : une génération intelligente, qui a grandi et mûri ses idées au sein des orages politiques, est capable de penser par elle-même.

Dans son discours d'ouverture des Chambres, l'Empereur s'est plaint de la mollesse du pays ; il faisait appel à la nation, l'invitait à prendre une part plus active aux affaires ; eh bien ! cet appel a été entendu, et c'est sur cette invitation de haut lieu que le peuple est rentré dans la vie publique, que le peuple est venu, le 31 mai et le 1ᵉʳ juin, affirmer énergiquement son existence.

Quant à ceux qui accusent le gouvernement lui-même de l'échec de ses candidatures à Paris et croient en trouver la raison dans les circulaires du ministre de l'intérieur et du préfet de la Seine, quant à ceux qui, à ce propos, ont ressuscité ce vieux mot répété si souvent à la Bourse : « c'est du Thiers consolidé, » ceux-là ne sont pas moins ridicules que le *Pays* et le *Constitutionnel* rejetant la faute (si faute il y a) sur le journal de M. de la Guéronnière.

Pauvre *Pays !* infortuné *Constitutionnel !* en vain vos nouvellistes en retard se mettent l'esprit à la torture pour se faire croire plus impérialistes que l'Empereur ; trop de zèle, messieurs, trop de zèle ! Si vous avez grands bras, comme dit le vulgaire, vous avez encore de plus longues jambes, et, dans vos courses vagabondes, le gouvernement ne vous suit pas toujours ; M. Grandguillot s'en est aperçu.

La *France*, votre sœur cadette, est une enfant terrible qui naguère s'est fait avertir pour avoir trop aimé la liberté ; elle est parfois espiègle, la France !

« Quand ils ont tant d'esprit, les enfants vivent peu, »

pourrait nous répondre M. Paulin Limayrac ; espérons pourtant qu'elle n'en mourra pas ; souhaitons-lui de longs jours, souhaitons-lui honneur et gloire à cette feuille sagement libérale où l'on porte si fièrement son drapeau : ces mots y sont inscrits : « l'ordre par la liberté, » c'est la devise des honnêtes gens, c'est le cri de tout un peuple qui se régénère et qui demande à marcher avec son souverain dans la voie du progrès !

L'ordre règne à Paris ; mais, c'est la liberté qu'on désire, et quand donc l'aurez-vous décrétée ? — Telle est la question posée par deux cent mille voix dans les élections dernières.

En face de cette grande manifestation des sentiments libéraux qui animent le peuple, le gouvernement de l'Empereur comprendra qu'il est de son intérêt et de son devoir de marcher en avant avec le courant de l'opinion publique ; en face de cette proclamation inattendue de neuf députés opposants pour les neuf circonscriptions de la Seine, l'élu du suffrage universel réfléchira, et, nous n'en doutons pas, après un sérieux remaniement de portefeuilles, d'une réunion du conseil des ministres sortira bientôt un nouveau 24 novembre.

L'Empereur sait trop quel compte il faut tenir en France de l'opinion publique, — l'opinion, reine au-dessus des rois (*regina del mundi*, disent les Italiens), — pour la négliger dans ces circonstances solennelles : la devancer la plupart du temps, la suivre quelquefois a toujours été sa politique ; avec elle, il a fait la guerre de Crimée, avec elle, la campagne d'Italie ; sans doute on entendit alors quelques murmures dans nos deux assemblées délibérantes, mais ces voix qu'on pouvait compter se perdirent au milieu des applaudissements de la France entière.

Tous les six ans, huit millions de Français viennent donner leur avis sur la marche des affaires et choisir les hommes qui doivent y prendre part. Cet avis, nous l'avons, cette pensée, nous la connaissons ; l'événement est grave, il faut en savoir estimer la valeur, le circonscrire dans ses justes limites.

Quelles gens sont assez bilieux pour voir des nuages à l'horizon ? Qui donc a parlé de 48 ?

Dans ce temps-là, on aurait vu le peuple afficher ses droits sur de ridicules bannières et les promener en grand tumulte dans les rues de la capitale ; mais les temps sont changés, son éducation politique est faite. Calme, il marche au vote après avoir enfermé dans les quatre plis de son bulletin ce nom qui résume toutes ses espérances, ce beau nom de liberté qui, sous le pseudonyme de Jules Favre, Ollivier, Picard, Darimon, Thiers, Havin, Pelletan, Jules Simon, Guéroult, est proclamé par deux cent mille voix dans les neuf circonscriptions de la Seine.

Un seul mot, liberté, traduit le vote du 31 mai ; ce mot n'est pas seulement celui de Paris et de toute la population des villes, c'est aussi, quoi qu'on en ait dit, le mot des populations rurales ; ce n'est pas le mot d'une coterie, d'une faction, d'un parti, cette fois, c'est le mot de la France !

Candidats opposants, légitimistes, orléanistes ou démocrates ; candidats agréés, candidats agréables, tous l'ont prononcé ; tous ont proclamé ou tout au moins confessé la liberté (liberté de réunion, liberté individuelle, liberté de la presse).

Cette liberté, dont le nom fut si longtemps proscrit comme le mot d'ordre de la révolte, dont les adorateurs, traités en rebelles, étaient jadis écartelés à Rome, brûlés vifs à Madrid et pendus à Paris, on lui accorde enfin le droit de cité, elle a vaincu ! Autrefois, ses disciples courageux, minorité persécutée comme les sectateurs de Jésus, cachaient leur visage dans la profondeur des bois et des catacombes ; maintenant, ils peuvent se montrer au grand jour et porter haut la tête, la liberté individuelle est reconnue (1) ; la loi de sûreté générale déjà moralement abrogée.

Aussi, avec la même puissance qu'on attachait jadis au fameux « *Civis sum romanus,* » chacun de nous bientôt pourra dire : « Arrière les mains sacriléges, je suis un citoyen français ! »

---

(1) Le 31 mai et le 1ᵉʳ juin, le 15 et le 16 n'a-t-elle pas joui sans encombre de l'exercice de tous ses droits ?

Il est temps, en effet, que cette épée de Damoclès ne soit plus suspendue sur nos têtes; la loi de sûreté générale est à cette heure un anachronisme politique, aussi bien que l'esclavage de la Pologne. Il est temps que tous les membres du corps social recouvrent leur action et leur indépendance, il est temps qu'on nous rende nos libertés publiques.

Le gouvernement qui a promis tiendra sa parole; certes! il ne lui plairait pas d'être comparé à ces libéraux conservateurs, qui savent si bien conserver la liberté quand on la leur confie, que jamais plus on n'en revoit la trace.

Le « couronnement de cet édifice » dont l'Empereur a posé la première pierre et dont il posera la dernière (car il ne se laissera pas ravir cet honneur), ce couronnement si désiré, si impatiemment demandé, ne peut plus se faire attendre. Puissions-nous y trouver inscrite la liberté de la presse sagement réglementée par la loi! Puissent les délits des journaux, comme les délits communs, n'être plus désormais soumis qu'à la juridiction commune!

Autant pour le Gouvernement lui-même que pour une raison de dignité nationale, les gens avisés réprouvent le système des avertissements.

En vertu de ce grand principe de jurisprudence que l'intérêt particulier doit céder devant l'intérêt général, la loi, conforme à l'équité, a reconnu l'expropriation pour cause d'utilité publique moyennant une juste et préalable indemnité; mais cela se fait par autorité de justice, avec un jury qui indemnise largement et si bien que souvent l'expropriation est une bonne et brillante affaire pour l'exproprié. Un journal est, tout comme un fonds de terre et comme un immeuble, une propriété qui atteint parfois une grande valeur; qu'importe! au troisième avertissement, il a cessé d'exister, le propriétaire gérant sera peut-être ruiné d'un coup de plume du ministre de l'intérieur, Quant à l'indemniser, jamais on n'y songea.

Sans doute, nous ne donnerions pas les institutions qui nous gouvernent pour ce régime arbitraire et despotique qui faisait courber la tête aux contemporains de Voltaire ; nous laissons à M. Saint-Marc Girardin tout seul l'honneur d'avoir dit en pleine Sorbonne que la presse était plus libre à cette époque ; il nous semble que ses regrets remontent bien loin dans le passé. Si le patriarche de Ferney n'était point à la gêne quand il s'agissait de flageller les prêtres ou d'outrager les mœurs, le courtisan de madame de Pompadour était mal à son aise pour juger une tête couronnée ; jamais sujet ne fut en meilleurs termes avec son prince que ce gentilhomme ordinaire de la chambre du roi.

Qui donc l'ignore ?

Comme tous les gens qui ne sont point aveugles, nous préférons le présent au passé, mais nous attendons mieux de l'avenir, et, nous le répétons : quand même ce système restrictif et abusif des avertissements pourrait faire les délices d'une nation débonnaire comme le Prusse où l'on règne encore par droit divin, il ne saurait convenir à un empire démocrate. Pour nous, il nous semble avec Beaumarchais « que les sottises imprimées ne sont à craindre que là où on en gêne le cours, qu'il n'appartient qu'aux petits hommes de redouter les petits écrits, » et nous croyons avec Chateaubriand qu'il n'est permis qu'aux vues affaiblies de fuir la lumière, aux tempéraments débiles de chercher l'ombre. Mais les ministres, interprètes de la pensée napoléonienne, qu'ont-ils à craindre de la publicité ?

La liberté de réunion leur donnerait-elle plus de tourments ? Ce que l'on voit tous les jours à Londres, quand le verrons-nous à Paris ? — Pour nous répondre, on invoquera la différence des climats et des caractères, on nous peindra les Anglais aussi froids que leurs brouillards, obéissant à la loi comme les Français à l'esprit de parti ; on nous en fera un peuple à part « *toto divisos orbe Britannos* (1), » on nous dira que l'apparition d'une baguette blanche à Hyde-Parck ou sur la place de White-Hall dissipe un rassemblement de plusieurs milliers d'hommes avec un pouvoir magique et féerique ; eh bien, puisqu'on nous oppose des arguments plus ou moins bien tirés du tempérament des peuples et de leur température, nous transportons la question sous le ciel brûlant de l'Italie et nous disons aux timides : Naguère encore on a vu des meetings à Naples, à Turin, en plein forum, les citoyens se sont réunis pour chercher dans ces discussions chaleureuses d'où jaillit la lumière un remède à la situation de la Pologne ; et pourtant, l'ordre le plus parfait a régné au milieu de ces assemblées populaires.

Ayez donc en ce peuple français qui s'est montré si calme et si grand aux élections dernières une confiance au moins égale à celle qu'on accorde à des Napolitains, à des hommes dont la main est encore plus prompte que la parole.

Et d'ailleurs, cette liberté de réunion qu'on vous demande, ne l'avez-vous pas déjà tacitement reconnue en tolérant les comités électoraux ? N'était-ce pas enfreindre la loi du 25 mars 1852, qui a déclaré soumettre à la nécessité de l'autorisation les réunions publiques de quelque nature qu'elles soient ?

Vos premiers décrets sont sévères ; comme celui du 25 mars, faites qu'ils ne soient guère en vos mains qu'une lettre morte, on vous saura gré d'en corriger ainsi la rigueur ; c'est en même

(1) Virgile.

temps un moyen ingénieux et simple pour entrer dans la voie libérale que les élections viennent de tracer à l'empire.

Grâce au vote du 31 mai, toute reculade est impossible, le *statu quo* impolitique et impopulaire, il n'est qu'un parti : marcher en avant !

Le peuple l'a pensé et l'a dit, le peuple souverain sera compris de son mandataire qui ne faillira pas à sa mission.

Jusqu'à Marengo, soldat heureux de la Révolution, Napoléon Ier a combattu pour les grands principes de 89 (plus tard des vues ambitieuses l'égarèrent); c'est pour continuer et couronner son œuvre que la nation française, après un nouvel orage, a confié la dictature à l'héritier de ses travaux et de sa gloire. Mais, de cet excès de pouvoir qu'elle concentra dans ses mains pour traverser sans péril une crise passagère, il ne faut pas qu'on abuse, le moment est venu de desserrer les freins.

Levez l'ancre et carguez vos voiles au souffle impétueux de la liberté : car la France de 1863 demande davantage que la France de 1857, que la France de 1854 ; les besoins ne sont plus les mêmes, le suffrage universel l'a crié assez haut et assez fort : ainsi s'explique le triomphe de l'opposition à Paris, l'élection de MM. Lanjuinais à Nantes, Dorian à Saint-Etienne, Berryer et Marie à Marseille, Malézieux dans l'Aisne, Lambrecht dans le Nord, Maurice Richard dans Seine-et-Oise, Hénon pour le département du Rhône, etc.

Induire de là que le suffrage universel tend à revenir sur ses décisions dernières, sur les deux jugements qu'il a rendus en 1857 et 1854, en conclure qu'il s'est déjugé, ce serait interpréter à faux la pensée des électeurs; il en a le droit, il est vrai, et la Cour de cassation n'a pas seule ce privilége : « Il serait absurde que la volonté se donnât des chaînes pour l'avenir, » disait un philosophe du xvIII^e siècle. L'Empereur a pensé de même, l'Empereur a reconnu ce droit incontestable et imprescriptible, car il a dit dans sa proclamation du 22 janvier 1852 : « Le peuple reste toujours maître de sa destinée, » et dans la Constitution, art. 5 : « L'Empereur est responsable devant le peuple français auquel il a toujours droit de faire appel, » car le peuple est le vrai souverain, et l'Empereur le mandataire du peuple. L'empire repose tout entier sur le suffrage universel, élément essentiellement démocratique, la plus belle des conquêtes de 1848 ; l'Empire est un empire démocrate, il ne peut renier son origine ; on l'a dit : « *Le gouvernement séparé de la démocratie, c'est le fruit séparé de la branche*, il tombe. » M. Disraëli traduisait cette idée avec la forme concise d'un axiome : « La France est une monarchie gouvernée par une république. »

« Il y a des mots qui font peur, » prétend M. Guizot dans ses Mémoires. Il serait puéril à nous de partager ses craintes, après les avoir rencontrés plusieurs fois, ces mots terribles, épouvantail des esprits faibles, sous la plume d'un homme d'État, connu depuis longues années pour son dévoûment chevaleresque à la personne de l'Empereur, et qu'on ne saurait, certes ! soupçonner de démagogie et d'idées ultra-révolutionnaires : qui n'a lu la circulaire de M. de Persigny, datée du 21 juin ? Après avoir reconnu que les élections dernières auront sur le pays une influence considérable, en quels termes respectueux et sages il parle de la volonté du peuple et de la démocratie (1) ! On est heureux de recueillir de telles paroles sur de telles lèvres.

(1) « ..... Ce que le peuple français avait voulu, par le plébiscite de 1851, c'était renoncer à copier, dans un pays *démocratique* comme le nôtre, la constitution aristocratique du pays voisin. »

« ..... L'avénement de l'Empereur était pour le plus grand nombre le triomphe de la *démocratie* »

Nous espérons voir les nouveaux ministres de l'Empereur profiter de ce bon exemple et continuer à rendre hommage dans leur administration et dans leurs discours à cette *volonté suprême du peuple français*. N'est-ce point déjà pour lui obéir que le décret du 23 juin est venu supprimer les ministres sans portefeuille, position étrange et fausse, espèce de cinquième roue au carrosse de l'Empire ? N'est-ce pas une inspiration de même origine qui a décidé le gouvernement à distraire l'administration des cultes du ministère de l'instruction publique, pour donner à ce dernier une importance justement méritée, afin qu'il pût consacrer tout son temps et toutes ses forces à l'étude de ces grandes questions de l'enseignement primaire et secondaire et de l'instruction obligatoire ?

Nous voyons déjà dans cette phrase du *Moniteur* : « … Le décret du 24 novembre n'a pas modifié les principes fondamentaux du plébiscite de 1852, *qu'un nouveau plébiscite seul pourrait changer*, » nous voyons dans ces mots « *qu'un nouveau plébiscite seul pourrait changer*, » un espoir d'acheminement à la responsabilité des ministres.

S'il s'est laissé dépasser un peu par l'opinion, le gouvernement semble avoir à cœur de regagner bien vite tout le terrain perdu. Courage donc, la France vous suit de ses regards. Courage ! elle vous tiendra compte de vos efforts ; elle sait qu'en matière législative les tâtonnements sont pardonnables, disons mieux, ils sont nécessaires, qu'on n'y arrive pas tout d'un coup à la réalisation de l'idéal ; elle sait, comme Napoléon Ier, « qu'une Constitution est l'œuvre du temps, et qu'on ne saurait laisser dans le principe une trop large voie aux améliorations, » et comme Rousseau, qu'une constitution est l'œuvre des hommes et « *qu'il faudrait des dieux pour leur donner des lois !* »

Aussi, toute profonde qu'elle est, l'Empereur a déclaré son œuvre perfectible, sentant bien qu'il est au-dessus des forces de l'humanité de faire une constitution parfaite.

« La Constitution présente n'a fixé que ce qu'il était impossible de laisser incertain. Elle n'a pas enfermé dans un cercle infranchissable les destinées d'un grand peuple ; elle a laissé aux changements une assez large voie pour qu'il y ait dans les grandes crises d'autres moyens de salut que l'expédient désastreux des révolutions. »

Celui qui a inscrit ces lignes en lettres d'or au grand livre de l'histoire n'a point surpris la confiance du peuple. Ayons donc foi aux hommes pratiques, et n'oublions pas que, si la science de régner s'apprend mieux en obéissant qu'en commandant, que si l'on a compté parmi les souverains habiles tous ceux qui ne furent pas élevés pour un trône, comme Henri IV et Pierre le Grand, comme Charlemagne et Napoléon Ier, l'empereur Napoléon III sera de ce nombre.

Mais vous qui prodiguez les conseils, avez-vous fait vos preuves ? Vous qui demandez sur l'heure l'abandon de Rome et l'expulsion brutale du Pape-Roi, ignorez-vous qu'on n'anéantit pas d'un coup de plume des croyances et des institutions dix-huit fois séculaires ? Pensez-vous qu'on pourra substituer en un jour les idoles de la philosophie à celles de nos aïeux, les préceptes de la religion naturelle aux vieux dogmes de la religion de nos pères ?

Vous qui, le dos au feu, écrivez sur le coin d'une table d'estaminet que la diplomatie ne saurait suffire à l'apaisement de la Pologne, et qu'il est urgent de déclarer la guerre au Czar, vous qui avez horreur des gros budgets, et qui pourtant vous plaisez assez au bruit des batailles, voulez-vous, comme le cardinal Fleury, qu'on envoie là-bas quinze cents hommes et un brigadier? Mais non, vous demandez une expédition sérieuse, une conflagration européenne.

Et vous qui avez payé d'ingratitude l'hospitalité des Belges, et qui venez à Paris traiter les Parisiens de badauds, voulez-vous donc vous faire chasser partout? Vous, général sans armée, chef de parti sans partisans, qui marchez sur le ventre de vos amis pour atteindre vos ennemis, et qui, les yeux bandés et les deux mains armées d'une pesante et stupide massue que vous décorez du beau nom de logique, frappez de tous les côtés comme un sourd; vous qui, en 48, tourniez en ridicule ce suffrage universel qui vous appelait à la Chambre, vous qui, après avoir essayé de prouver que Dieu est une hypothèse, souteniez le vicaire du Christ auquel vous ne croyez pas; publiciste qui traitez vos confrères d'entremetteurs (1) et les conviez à la guillotine en déclamant contre eux avec le fiel d'un Marat, dans la langue du Père Duchesne et de l'Ami du Peuple; démocrate qui avez prêché l'abstention, quel châtiment faut-il que la démocratie vous prépare?

Et vous, lamentable Jérémie, qui promenez la lanterne de Diogène au milieu des ruines d'un empire qui croule, quand donc nous laisserez-vous la paix avec vos cris aigus? Publicistes atrabilaires, qui écrivez avec de l'eau bénite de petites satires en vers et en prose, avez-vous fini d'outrager les honnêtes gens?

Si vous voulez qu'on vous écoute, parlez un langage honnête et n'insultez pas; si vous voulez qu'on vous lise, faites de l'histoire et non des pamphlets.

Oui, nous le pensons et nous le disons comme vous, le gouvernement a été trop avare de la liberté. Mais, soyons justes,

---

(1) Proudhon, dans *Les démocrates assermentés et les réfractaires*.

n'a-t-il donc rien fait pour la richesse et la gloire de la France? Comptez-vous donc pour rien toutes ces villes de boue changées en villes de marbre, le pays sillonné de canaux, de routes et de chemins de fer, l'Océan couvert de nos navires, la Méditerranée unie à la mer Rouge, œuvre de géants, tant de fois entreprise en vain par ces puissants rois d'Egypte, qui pouvaient disposer à leur gré de plusieurs millions d'esclaves? N'est-ce rien d'avoir enterré sous les ruines de Sébastopol l'ambition moscovite? rien d'avoir émancipé l'Italie? rien d'avoir repoussé au-delà de ses frontières l'Autriche envahissante ?

Qu'a fait, à côté de tout cela, la monarchie du pot-au-feu? C'est ainsi que Chateaubriand taxait ce gouvernement, souvent faible à l'intérieur et toujours petit en face de l'étranger; qui, à l'exemple de Carthage, prétendait acheter la gloire, non pas avec du sang, mais avec de l'or, et, le 24 février 1848, succombait sous le poids de ses fautes ?

CONCLUSION.

C'est pour avoir voulu mener un État comme on mène une maison de commerce, pour avoir cru que tout allait bien quand les épices se vendaient cher, pour avoir soutenu à outrance la politique de la *paix à tout prix*, que ce ministre doctrinaire, ce docteur ès-sciences politiques qui prétendait donner des leçons aux rois, vit ce jour-là, le 24 février, à travers les fenêtres des Tuileries, caché dans le bâtiment de l'état-major, où il était venu se mettre à l'abri de l'émeute, la royauté, qui faisait ses malles en s'enfuyant dans une voiture de louage.

Comme le régime de la *paix à tout prix*, l'*ordre à tout prix* nous tuerait; nous n'en voulons pas ; l'ordre avec la liberté, c'est le programme de l'Empire ; mais l'ordre au préjudice de la liberté, c'est un régime de mort.

Sans doute, l'Empire n'est pas aux voix ; et, si nous touchions à un de ces moments solennels prévus par l'Empereur dans sa Constitution, s'il était besoin d'un appel au peuple, il emporterait encore une éclatante majorité ; mais nous n'en sommes pas là : ce qu'on demande, c'est que la France soit libre au dedans comme elle est forte au dehors, aussi libre que la Belgique et la Suisse, et plus libre que l'aristocratique Angleterre. Ce qu'on demande à l'Empereur, c'est d'y asseoir solidement la liberté, de substituer aux vieilles rancunes une politique conciliatrice et généreuse, de rallier autour de lui les hommes de tous les partis, de les rapprocher les uns des autres, de se mettre franchement et résolûment à la tête des idées nouvelles, de se faire, enfin, le modérateur de la révolution.

Ce beau rôle, nous en avons la conviction profonde, sera compris.

On n'arrive pas à l'ordre par la liberté, mais à la liberté par l'ordre. — Tel fut, à coup sûr, le sage raisonnement de l'Empereur ; et, pour un temps donné, faisant à peu près table rase des institutions républicaines, il a reconstruit l'édifice sur des bases nouvelles, en se réservant d'inscrire plus tard au fronton la proclamation de nos libertés publiques : c'est cette proclamation qu'on attend.

H. J. C.

Paris, 25 juin 1863.

Imprimé par Charles Noblet, rue Soufflot.

www.ingramcontent.com/pod-product-compliance
Lightning Source LLC
Chambersburg PA
CBHW071450060426
42450CB00009BA/2368